大方廣佛華嚴經 寫經 21

🪷 일러두기

1. 『사경본 한글역 대방광불화엄경』은 『독송본 한문·한글역 대방광불화엄경』에 수록된 한글역을 사경하는 데 편의를 도모하기 위해 편집을 달리하여 간행한 것이다.

2. 『독송본 한문·한글역 대방광불화엄경』은 실차난타가 한역(695~699)한 80권 『대방광불화엄경』의 한문 원문과 한글역을 함께 수록한 것이다. 한문 저본은 고종 2년(1865) 월정사에서 인경한 고려대장경 『대방광불화엄경』이다.

3. 한글 번역은 동국역경원에서 발간한 한글 『대방광불화엄경』(운허)을 중심으로 하고 『신화엄경합론』(탄허)과 『대방광불화엄경 강설』(여천무비) 그리고 최근의 여타 번역본 등을 참조하였다.

4. 한글 번역은 독송과 사경을 위하여 정확성과 아울러 가독성을 고려하였다. 극존칭은 부처님과 불경계에 대해서만 사용하였다.

5. 사경본의 차례는 일러두기 → 한글역 본문 → 화엄경 목차 → 간행사이며 80권 『대방광불화엄경』의 권별 목차 순으로 독송본과 함께 간행한다. (법공양판에는 간행사 다음에 간행불사 동참자를 밝혀 두었다.)

사경본 한글역
대방광불화엄경 제21권

22. 십무진장품

수미해주

대방광불화엄경 제21권 변상도

대방광불화엄경
제21권

22. 십무진장품

_____ 은(는) 『대방광불화엄경』을
사경하는 인연공덕으로
『화엄경』이 널리 유통되고
우리 모두 다함께 보리 이루기를 발원하옵니다.

대방광불화엄경

제21권

22. 십무진장품

그때에 공덕림 보살이 다시 모든 보살들에게 말씀하였다.

"불자들이여, 보살마하살이 열 가지 장이 있으니 과거 미래 현재의 모든 부처님께서 이미 말씀하셨고, 앞으로 말씀하실 것이며, 지금 말씀하신다.

무엇이 열인가?

이른바 신장과 계장과 참장과 괴장과 문장과 시장과 혜장과 염장과 지장과 변장이다. 이것이 열이다.

불자들이여, 어떤 것이 보살마하살의 신장인가?

이 보살이 일체 법이 공함을 믿으

며, 일체 법이 모양 없음을 믿으며, 일체 법이 원이 없음을 믿으며, 일체 법이 지음이 없음을 믿으며, 일체 법이 분별이 없음을 믿으며, 일체 법이 의지한 데 없음을 믿으며, 일체 법이 헤아릴 수 없음을 믿으며, 일체 법이 위없음을 믿으며, 일체 법이 초월하기 어려움을 믿으며, 일체 법이 생겨남이 없음을 믿는다.

만약 보살이 능히 이와 같이 일체 법을 수순해서 청정한 믿음을 내고는 모든 부처님의 법이 불가사의함을 들어도 마음이 겁약하지 않으며, 일체 부처님께서 불가사의하심을 들어도 마음이 겁약하지 않는다.

중생계가 불가사의함을 들어도 마음이 겁약하지 않으며, 법계가 불가사의함을 들어도 마음이 겁약하지 않으며, 허공계가 불가사의함을 들어도 마음이 겁약하지 않으며, 열반계가 불가사의함을 들어도 마음이 겁약하지 않는다.

과거세가 불가사의함을 들어도 마

음이 겁약하지 않으며, 미래세가 불가사의함을 들어도 마음이 겁약하지 않으며, 현재세가 불가사의함을 들어도 마음이 겁약하지 않으며, 일체 겁에 들어감이 불가사의함을 들어도 마음이 겁약하지 않느니라.

무슨 까닭인가? 이 보살이 모든 부처님 처소에서 한결같이 견고하게 믿어 부처님의 지혜가 가없고 다함없음을 안다.

시방의 한량없는 모든 세계 가운데 낱낱이 각각 한량없는 모든 부처님이 계셔서 아뇩다라삼먁삼보리를 이미 얻으셨고, 지금 얻으시고, 앞으로 얻으실 것이며, 이미 출세하셨고, 지금 출세하시고, 앞으로 출세하실 것이며, 이미 열반에 드셨고, 지금 열반에 드시고, 앞으로 열반에 드실 것이다.

저 모든 부처님의 지혜는 늘어나지도 않고 줄어들지도 않으며, 나지도 않고 멸하지도 않으며, 나아가지도 않고 물러나지도 않으며, 가깝지도 않고 멀지도 않으며, 앎도 없고 버림도 없다.

이 보살이 부처님 지혜에 들어가 가없고 다함없는 믿음을 성취한다. 이 믿음을 얻고는 마음이 퇴전하지 않으며, 마음이 잡란하지 않으며, 파괴할 수 없으며, 염착하는 바가 없다.

항상 근본이 있으며, 성인을 수순하며, 여래의 집에 머무르며, 일체 모든 부처님의 종성을 보호하여 지킨다.

일체 보살의 믿음과 이해를 증장

하며, 일체 여래의 선근을 수순하며, 일체 모든 부처님의 방편을 출생한다.

이것이 이름이 보살마하살의 신장이다. 보살이 이 신장에 머물러서는 곧 능히 일체 부처님의 법을 듣고 지녀서 중생들을 위해 설하여 다 깨닫게 한다.

불자들이여, 어떤 것이 보살마하살의 계장인가?

이 보살이 널리 요익하는 계와, 받지 않는 계와, 머무르지 않는 계와, 뉘우침이 없는 계와, 어기고 다툼이 없는 계와, 괴롭히고 해롭게 하지 않는 계와, 섞이고 더러움이 없는 계와, 탐하여 구함이 없는 계와, 과실이 없는 계와, 헐고 범함이 없는 계를 성취한다.

무엇을 널리 요익하는 계라 하는가?
이 보살이 청정한 계를 받아 지님

은 본래 일체 중생을 이익케 하기 위함이다.

무엇을 받지 않는 계라 하는가?
이 보살이 외도들의 모든 있는 바 계를 받아 행하지 아니하고, 다만 성품이 스스로 정진하여 삼세 모든 부처님 여래의 평등하고 청정한 계를 받들어 지닌다.

무엇을 머무르지 않는 계라 하는가?

이 보살이 계를 받아 지닐 때 마음이 욕계에 머무르지 아니하며, 색계에 머무르지 아니하며, 무색계에 머무르지 아니한다.

무슨 까닭인가? 그곳에 태어나기를 구하여 계를 지니는 것이 아니기 때문이다.

무엇을 뉘우침이 없는 계라 하는가?

이 보살이 항상 뉘우침이 없는 마음에 편안히 머무른다.

무슨 까닭인가? 무거운 죄를 짓지 아니하며, 아첨하거나 속임을 행하지 아니하며, 청정한 계를 파하지 아니하는 까닭이다.

무엇을 어기고 다툼이 없는 계라 하는가?

이 보살이 먼저 제정한 것을 어기지 않고 다시 조립하지 않으며, 마음이 언제나 수순하여 열반의 계를 향하여 구족하게 받아 지니고 헐거나 범하는 바가 없으며, 계를 지님으로써 다른 중생을 괴롭혀서 그로 하여금 고통스럽게 하지 않으며, 다만 일체가 마음이 항상 환희하기를 원하여 계를 지닌다.

　무엇을 괴롭히고 해롭게 하지 않는 계라 하는가?
　이 보살이 계로 인하여 모든 주술을 배워서 처방약을 만들어 중생을 괴롭히고 해롭게 하지 않고, 다만 일체 중생을 구호하기 위하여 계를 지닌다.

무엇을 섞이지 않는 계라 하는가?

이 보살이 변견에 집착하지 않으며, 섞인 계를 지니지 않고, 다만 연기를 관하여 벗어나는 계를 지닌다.

무엇을 탐하여 구함이 없는 계라 하는가?

이 보살이 기이한 모양을 나타내어 자기에게 덕이 있음을 드러내지 않고, 다만 벗어나는 법을 만족하기 위한 까닭으로 계를 지닌다.

무엇을 과실이 없는 계라 하는가?

이 보살이 스스로를 높이 받들어서 '나는 계를 지녔다'고 말하지 않으며, 파계한 사람을 보되 또한 가벼이 여기고 비방하여 그로 하여금 부끄럽게 하지 아니하고, 다만 그 마음을 한결같이 하여 계를 지닌다.

무엇을 헐고 범함이 없는 계라 하는가?

이 보살이 살생과 도둑질과 사음과 거짓말과 두 가지 말과 악한 말과 옳지 않은 말과 탐욕과 성냄과 사견을 영원히 끊고, 열 가지 선업을 구족하게 받아 지닌다.

보살이 이 범함이 없는 계를 지닐 때 이 생각을 하여 말하되 '일체 중생이 청정한 계를 헐고 범함은 다 전도를 말미암은 것이다. 오직 부처님 세존께서 중생이 무슨 인연으로 전도되어 청정한 계를 헐고 범하는지를 능히 아신다.

내가 마땅히 위없는 보리를 성취하고 널리 중생들을 위하여 진실한 법

을 설하여 전도를 여의게 하리라.'
고 한다.
　이것이 이름이 보살마하살의 둘째
계장이다.

　　불자들이여, 어떤 것이 보살마하살
의 참장인가?

　이 보살이 과거에 지은 모든 악을
생각하여 부끄러움을 낸다.

말하자면 저 보살이 마음에 스스로 생각하여 말하되 '내가 비롯함이 없는 때로부터 모든 중생과 더불어 모두 다 서로 부모와 형제와 자매와 남녀가 되어서 탐욕과 성냄과 어리석음과 교만과 아첨과 속임과 그리고 나머지 일체 모든 번뇌를 갖추었으므로, 다시 서로 괴롭히고 해치며 번갈아 서로 업신여기고 빼앗으며 간음하고 살상하여 악을 짓지 않음이 없었다.

일체 중생도 모두 또한 이와 같이

하여 모든 번뇌로 온갖 악을 갖추어 지었다. 그러므로 각각 서로 공경하지 아니하며, 서로 존중하지 아니하며, 서로 받들어 따르지 아니하며, 서로 겸손하지 아니하며, 서로 제도하지 아니하며, 서로 보호하여 아끼지 아니하며, 다시 서로 살해하여 서로 원수가 되었다.

스스로 생각하니 나의 몸과 모든 중생들이 과거와 미래와 현재에 부끄러움이 없는 법 행하는 것을 삼세의 모든 부처님께서 알고 보지 않음이 없으시다. 이제 만약 이 부끄러움이 없는 행을 끊지 않으면 삼세의 모든 부처님께서 또한 마땅히 나를 보시리니, 내가 어찌 오히려 행하면서 그치지 아니하리오. 매우 옳지 못한 것이다.

그러므로 나는 응당 전심으로 끊어 없애고 아뇩다라삼먁삼보리를 증득하여, 널리 중생들을 위하여 진실한 법을 설하리라.'고 한다.

이것이 이름이 보살마하살의 셋째

참장이다.

불자들이여, 어떤 것이 보살마하살의 괴장인가?

이 보살이 스스로 부끄러워하기를 '옛적부터 오욕 가운데 갖가지로 탐내어 구하여 만족해 싫어함이 없었다. 이로 인하여 탐욕과 성냄과 어리석음 등의 일체 번뇌를 증장하였으니, 내가 이제 마땅히 다시는 이런

일을 행하지 아니하리라.'고 한다.

　또 이 생각을 하기를 '중생들이 지혜가 없어서 모든 번뇌를 일으켜서 악법을 갖추어 행하여 서로 공경하지 아니하고, 서로 존중하지 아니하며, 내지 점점 더 서로 원수가 되어서, 이와 같은 악을 갖추어 짓지 않음이 없고, 짓고 나서는 환희하여 칭찬하기를 추구하며 눈멀어 지혜의 눈이 없어서 알고 보는 바가 없다.

어머니의 배 속에 입태하고 태어나서 더러운 몸을 이루어 필경에는 머리가 희고 얼굴에 주름이 진다.

지혜 있는 자는 이것이 다만 음욕으로 생기는 부정한 법임을 관찰하고 삼세의 모든 부처님께서 모두 다 알고 보시거늘, 만약 내가 이제 이 일을 오히려 행하면 곧 삼세의 모든 부처님을 속이는 것이다. 그러므로 내가 마땅히 부끄러움을 수행하여 아뇩다라삼먁삼보리를 빨리 이루고 널리 중생들을 위하여 진실한 법을 설하리라.'고 한다.

이것이 이름이 보살마하살의 넷째 괴장이다.

불자들이여, 어떤 것이 보살마하살의 문장인가?

이 보살이 이 일이 있으므로 이 일이 있고, 이 일이 없으므로 이 일이 없으며, 이 일이 일어나므로 이 일이 일어나고, 이 일이 멸하므로 이 일이 멸하며, 이것은 세간법이고 이것은 출세간법이며, 이것은 유위법이고 이것은 무위법이며, 이것은 유기법이고 이것은 무기법임을 안다.

어떤 것이 이 일이 있으므로 이 일이 있음인가? 말하자면 무명이 있으므로 행이 있음이다. 어떤 것이 이 일이 없으므로 이 일이 없음인가? 말하자면 식이 없으므로 명색이 없음이다.

어떤 것이 이 일이 일어나므로 이

일이 일어남인가? 말하자면 애가 일어나므로 고가 일어남이다. 어떤 것이 이 일이 멸하므로 이 일이 멸함인가? 말하자면 유가 멸하므로 생이 멸함이다.

어떤 것이 세간법인가? 이른바 색과 수와 상과 행과 식이다. 어떤 것이 출세간법인가? 이른바 계와 정과 혜와 해탈과 해탈지견이다.

어떤 것이 유위법인가? 이른바 욕

계와 색계와 무색계와 중생계이다. 어떤 것이 무위법인가? 이른바 허공과 열반과 헤아림의 연으로 멸함과 헤아림의 연이 아님으로 멸함과 연기와 법성주이다.

어떤 것이 유기법인가? 말하자면 사성제와 사사문과와 사변과 사무소외와 사념처와 사정근과 사신족과 오근과 오력과 칠각분과 팔성도분이다.

어떤 것이 무기법인가? 말하자면 세간이 끝이 있음과, 세간이 끝이 없음과, 세간이 끝이 있기도 하고 끝이 없기도 함과, 세간이 끝이 있는 것도 아니고 끝이 없는 것도 아님이다.

세간이 항상함이 있음과, 세간이 항상함이 없음과, 세간이 항상함이 있기도 하고 항상함이 없기도 함과, 세간이 항상함이 있는 것도 아니고 항상함이 없는 것도 아님이다.

여래께서 입멸하신 뒤에 계심과, 여래께서 입멸하신 뒤에 안 계심과,

여래께서 입멸하신 뒤에 계시기도 하고 안 계시기도 함과, 여래께서 입멸하신 뒤에 계시는 것도 아니고 안 계시는 것도 아님이다.

나와 중생이 있음과, 나와 중생이 없음과, 나와 중생이 있기도 하고 없기도 함과, 나와 중생이 있는 것도 아니고 없는 것도 아님이다.

과거에 몇 분 여래께서 열반에 드심과, 몇 성문과 벽지불이 열반에 듦이 있었으며, 미래에 몇 분의 여래와 몇 성문과 벽지불과 몇 중생이 있을 것이며, 현재에 몇 분의 부처님께서 머무르심과 몇 성문과 벽지불의 머무름과 몇 중생의 머무름이 있는가?

어떠한 여래께서 가장 먼저 출현하셨으며, 어떠한 성문과 벽지불이 가장 먼저 났으며, 어떠한 중생이 가장 먼저 났으며, 어떠한 여래께서 가장 뒤에 출현하시며, 어떠한 성문과 벽지불이 가장 뒤에 나며, 어떠한 중생들이 가장 뒤에 나는가? 무슨 법이 가장 처음에 있었으며, 무슨 법이 가장 뒤에 있는가?

세간은 어느 곳으로부터 왔으며, 어느 곳으로 가서 이르는가? 몇 세계가 이루어짐이 있으며, 몇 세계가 무너짐이 있으며, 세계가 어느 곳으로부터 왔으며 어느 곳으로 가서 이르는가?

무엇이 생사의 최초 경계이며, 무엇이 생사의 최후 경계인가? 이것이 이름이 무기법이다.

보살마하살이 이와 같이 생각하기를 '일체 중생이 생사 가운데 많이 듣지 못하여 능히 이 일체 법을 분명히 알지 못하니, 내가 마땅히 뜻을 내어 많이 듣는 장을 가져서 아뇩다라삼먁삼보리를 증득하고, 모든 중생들을 위하여 진실한 법을 설하리라.'고 한다.

이것이 이름이 보살마하살의 다섯째 다문장이다.

불자들이여, 어떤 것이 보살마하살의 시장인가?

이 보살이 열 가지 보시를 행하니, 이른바 분감시와 갈진시와 내시와 외시와 내외시와 일체시와 과거시와 미래시와 현재시와 구경시이다.

불자들이여, 무엇을 보살의 분감시라 하는가?

이 보살은 품성이 인자하여 보시하기를 좋아한다. 만약 맛있는 음식을 얻으면 오로지 자기만 받지 아니하고 반드시 중생들에게 준 뒤에야 비로소 먹으며, 무릇 받은 물건도 모두 또한 이와 같이 한다.

만약 자신이 먹을 때에는 이 생각을 하여 말하기를 '내 몸 가운데 팔만 호의 벌레들이 있어 나를 의지해 머무르니 내 몸이 충족하여 즐거우면 그들도 또한 충족하여 즐겁고, 내 몸이 굶주려서 괴로우면 저들도 또한 굶주려서 괴롭다.

내가 지금 받은 있는 바 음식을 중

생들로 하여금 널리 충족하여 배부르게 하기를 원하여 그들에게 베풀기 위한 까닭으로 스스로 먹는 것이지, 그 맛을 탐하는 것은 아니다.'라고 한다.

다시 이 생각을 하기를 '내가 기나긴 세월에 그 몸을 애착하여 가득 배부르게 하려고 음식을 받았다.

이제 이 음식으로 중생들에게 베풀어서 내가 몸에 대해 탐욕과 애착을 영원히 끊기를 원한다.'라고 한다. 이것이 이름이 분감시이다.

무엇을 보살의 갈진시라 하는가?

불자들이여, 이 보살이 갖가지 맛좋은 음식과 향과 꽃과 의복과 생활도구를 얻어서, 만약 스스로 수용하면 곧 안락하여 수명을 연장할 것이고, 만약 자기에게는 거두고 다른 이에게 베풀면 곧 곤궁하고 고통스러워 요절할 것이다.

그때에 혹 어떤 사람이 와서 이 말을 하기를 '그대가 지금 가진 것을 모두 마땅히 나에게 시여하라'고 하면, 보살이 스스로 생각하되 '내가 비롯함이 없는 이래로 굶주린 까닭에 수없이 몸을 잃었으나 일찍이 털 끝만큼도 중생들을 요익하여 좋은 이익을 얻음이 없었다. 이제 내가 또한 마땅히 지난 옛적과 같이 그 목숨을 버릴 것이다.

그러므로 마땅히 중생들을 요익하기 위하여 그 있는 바를 따라 일체를 다 주며, 내지 목숨이 다하여도 또한 아끼는 것이 없으리라.'고 한다. 이것이 이름이 갈진시이다.

무엇을 보살의 내시라 하는가?

불자들이여, 이 보살이 나이가 한창 젊고 단정하고 아름다우며 향과 꽃과 의복으로 그 몸을 장엄하고, 비로소 관정하여 전륜왕의 지위를 받아서 칠보를 구족하고 사천하를 다스렸는데, 그때에 어떤 사람이 와서 왕에게 말씀드렸다.

'대왕이여, 마땅히 아소서. 나는 지금 노쇠하여 몸이 연약하고 중병에 걸렸으며, 외롭고 지쳐서 오래지 않아 곧 죽게 될 것입니다.

만약 왕의 몸에서 손과 발과 피와 살과 머리와 눈과 골수를 얻는다면 나의 목숨은 반드시 살아날 것입니다.

오직 원하오니 대왕은 다시 헤아려서 돌아보거나 아끼지 마시고 다만 자애로운 생각을 보여서 나에게 보시하소서.'

그때에 보살이 이 생각을 하여 말하되 '이제 나의 이 몸이 뒤에는 반드시 죽을 것이다. 하나도 이익이 없을 것이니, 마땅한 때에 빨리 버려서 중생을 구제하리라.'고 한다. 생각하고 나서 보시하고 마음에 후회하는 바가 없다. 이것이 이름이 내시이다.

무엇을 보살의 외시라 하는가?
불자들이여, 이 보살이 나이가 젊고 용모가 아름다워 온갖 상을 구족하며, 좋은 꽃과 최상의 의복으로 몸을 장엄하고 비로소 관정하여 전륜왕의 지위를 받아서 칠보를 구족하고 사천하를 다스렸는데, 그때에 혹 어떤 사람이 와서 왕에게 말씀드렸다.

'나는 지금 가난하여 온갖 고통으로 핍박받습니다. 오직 원하오니 인자는 특별히 불쌍히 생각하시어 이 왕의 자리를 보시하여 나를 도와주소서. 내가 마땅히 통할해 거느려서 왕의 복락을 받겠습니다.'

이때에 보살이 이 생각을 하여 말한다.

'일체 영화의 번성함은 반드시 마땅히 쇠락하여 다한다. 쇠락하여 다할 때 다시는 중생을 요익할 수 없으

니, 내가 이제 마땅히 그 구하는 바를 따라서 그 뜻을 충만케 하리라.'

이 생각을 하고 나서 곧 그것을 보시하고 후회하는 바가 없다. 이것이 이름이 외시이다.

무엇을 보살의 내외시라 하는가?

불자들이여, 이 보살이 위에 말한 바와 같이 전륜왕의 자리에 있어 칠보가 구족하고 사천하를 다스렸는데, 그때에 어떤 사람이 와서 말씀드렸다.

'이 전륜왕의 지위에 대왕이 계신 지가 이미 오래되었으나, 나는 일찍이 얻은 적이 없습니다. 오직 원하오니 대왕은 그 자리를 보시하여 나에게 주시고, 아울러 대왕이 몸소 나의 신하가 되소서.'

그때에 보살이 이 생각을 하여 말한다.

'나의 몸과 재물 보배와 왕의 지위는 모두 무상하여 부서지고 무너지는 법이다.

나는 지금 장성하고 넉넉히 천하를

가졌는데 달라는 자가 앞에 나타났으니, 마땅히 견고하지 못한 것으로써 견고한 법을 구하리라.'

이 생각을 하고 나서 곧 그것을 보시하고 내지 몸소 공손하고 부지런히 섬기되 마음에 후회하는 바가 없다. 이것이 이름이 내외시이다.

무엇을 보살의 일체시라 하는가?
불자들이여, 이 보살도 또한 위에서 말한 것같이 전륜왕의 지위에 있으면서 칠보를 구족하고 사천하를 다스렸는데, 그때에 한량없는 빈궁한 사람들이 있어 그 앞에 와서 이렇게 말씀드렸다.

'대왕의 명성이 시방에 두루 들려서 저희들이 풍모를 흠모하여 이곳까지 이르러 왔습니다. 저희들이 지금 각각 구하는 것이 있습니다. 원하오니 널리 자애를 드리워 만족을 얻게 하소서.'

그때에 모든 가난한 사람들이 그 대왕에게 혹은 국토를 달라 하며, 혹은 처자를 달라 하며, 혹은 손과 발과 피와 살과 심장과 폐와 머리와 눈과 골수와 뇌를 달라 하면, 보살은 이때 마음에 이 생각을 한다.

'일체 은혜와 애정은 모이면 당연히 이별하여 중생들에게 요익하는 바가 없다. 나는 이제 탐욕과 애정을 영원히 버리고, 이 일체의 반드시 떠나고 흩어지는 것으로써 중생들의 원을 만족하게 하리라.'

이 생각을 하고 나서 모두 다 시여하고 마음에 후회하거나 한탄함이 없으며, 또한 중생들을 싫어하거나 천하게 여기지도 않는다. 이것이 이름이 일체시이다.

무엇을 보살의 과거시라 하는가?
이 보살이 과거 모든 부처님과 보살에게 있는 공덕을 듣고, 듣고 나서 집착하지 아니한다. 있는 것이 아닌 줄 요달하여 분별을 일으키지 않으며, 탐내지 않고 맛들이지 않으며, 또한 구하여 취하지도 않고 의지해 기대지도 아니한다.
법은 꿈과 같아서 견고함이 없음을

보며, 모든 선근에 있다는 생각을 일으키지 않고 또한 의지하는 바도 없다. 다만 집착하는 중생들을 교화하여 불법을 성숙시키기 위하여 연설한다.

또 다시 관찰하되 '과거의 모든 법을 시방으로 추구하여도 도무지 얻을 수 없다.'고 한다. 이 생각을 하고서는 과거의 법들을 끝까지 다 버린다. 이것이 이름이 과거시이다.

무엇을 보살의 미래시라 하는가?

이 보살이 미래 모든 부처님께서 수행하시는 것을 듣고, 있는 것이 아님을 요달하여 모양을 취하지 아니하며, 달리 모든 불국토에 왕생하기를 즐겨하지 아니하며, 맛들이지 아니하며, 집착하지 아니하되 또한 싫어하지도 아니한다.

선근으로써 저기에 회향하지도 아니하고, 또한 저기에서 선근에서 물러나지도 아니하며, 항상 부지런히 수행하여 일찍이 폐하거나 버리지 아니한다. 다만 저 경계로 인하여 중생들을 거두어 주며 진실을 설하여 불법을 성숙시키려 할 뿐이다.

그러나 이 법은 처소가 있지도 않고 처소가 없지도 않으며, 안도 아니고 밖도 아니며, 가깝지도 않고 멀지도 않다.

다시 이 생각을 하기를 '만약 법이 있는 것이 아니라면 버리지 않을 수 없다.'라고 한다. 이것이 이름이 미래시이다.

무엇을 보살의 현재시라 하는가?

이 보살이 사천왕중천과 삼십삼천과 야마천과 도솔타천과 화락천과 타화자재천과, 범천에 범신천과 범보천과 범중천과 대범천과, 광천에 소광천과 무량광천과 광음천과, 정천에 소정천과 무량정천과 변정천과, 광천에 소광천과 무량광천과 광과천과, 무번천과 무열천과 선견천과 선현천과 색구경천을 듣고, 내지 성문과 연각의 구족한 공덕을 듣는다. 듣고 나서 그 마음이 미혹하지 않고 침몰하지 않으며 모이지 않고 흩어지지 않는다.

 다만 모든 행이 꿈같이 실답지 않음을 관찰하여 탐착함이 없되 중생으로 하여금 나쁜 갈래를 버리고 떠나서 마음에 분별이 없으며 보살도를 닦아서 불법을 성취케 하기 위하여 연설한다. 이것이 이름이 현재시이다.

 무엇을 보살의 구경시라 하는가?
 불자들이여, 이 보살이 가령 한량없는 중생들이 있는데 혹은 눈이 없고 혹은 귀가 없고 혹은 코와 혀와 및 손과 발이 없는지라 그 처소에 와서 보살에게 말하기를 '우리 몸이 복이 적어서 모든 근이 온전하지 못합니다. 오직 원하오니 인자는 좋은 방편으로 자기의 소유를 버려서 우리로 하여금 구족하게 하소서.'라고 하면, 보살이 그것을 듣고 곧 베풀어 준다.

가령 이것을 말미암아 아승지겁을 지내도록 모든 근이 갖추어지지 않을지라도 또한 마음에 잠깐도 후회하고 아까워하지 않는다. 다만 스스로 '몸이 처음 태에 들 때부터 부정하고 미미한 형상으로 모든 근을 형성하여 나고 늙고 병들고 죽는다.'라고 관한다.

또 '이 몸이 진실함이 없고 부끄러움이 없어서 성현의 물건이 아니며, 냄새나고 더럽고 불결하며, 골절이 서로 지지하고 피와 살이 싸고 있으며, 아홉 구멍에서는 항상 흘러 사람이 싫어하고 천하게 여기는 것이다.'라고 관한다. 이렇게 관하고 나서 잠

깐도 애착하는 마음을 내지 아니한다.

다시 이 생각을 하되 '이 몸이 위태하고 연약하여 견고함이 없으니 내가 지금 어찌 연연하여 집착하리오. 마땅히 저들에게 보시하여 그 원을 채우며, 내가 지은 바와 같이 이로써 일체 중생을 개도하여 몸과 마음에 탐애를 내지 아니하고, 모두 청정한 지혜 몸을 얻게 하리라.'고 한다. 이것이 이름이 구경시이다.

이것이 보살마하살의 여섯째 시장

이다.

불자들이여, 어떤 것이 보살마하살의 혜장인가?

이 보살이 색을 사실대로 알고, 색의 집을 사실대로 알고, 색의 멸을 사실대로 알고, 색이 멸하는 도를 사실대로 안다.

수·상·행·식을 사실대로 알고, 수·상·행·식의 집을 사실대로 알고, 수·상·행·식의 멸을 사실대로 알고, 수·상·행·식이 멸하는 도를 사실대로 안다.

무명을 사실대로 알고, 무명의 집을 사실대로 알고, 무명의 멸을 사실대로 알고, 무명이 멸하는 도를 사실대로 안다.

애를 사실대로 알고, 애의 집을 사실대로 알고, 애의 멸을 사실대로 알고, 애가 멸하는 도를 사실대로 안다.

성문을 사실대로 알고, 성문의 법

을 사실대로 알고, 성문의 집을 사실대로 알고, 성문의 열반을 사실대로 안다.

독각을 사실대로 알고, 독각의 법을 사실대로 알고, 독각의 집을 사실대로 알고, 독각의 열반을 사실대로 안다.

보살을 사실대로 알고, 보살의 법을 사실대로 알고, 보살의 집을 사실대로 알고, 보살의 열반을 사실대로 안다.

어떻게 아는가? 업을 따른 과보와 모든 행의 인연으로 지은 것은 일체가 허망하고 거짓이어서 공하고 실상이 없어서 '나'도 아니고 견고함도 아니며 조그만 법도 성립할 것이 없음을 안다.

중생들로 하여금 그 진실한 성품을 알게 하려고 널리 연설한다. 무엇을 설하는가? 모든 법은 파괴할 수 없음을 설한다.

무슨 법을 파괴할 수 없는가? 색을

파괴할 수 없으며, 수·상·행·식을 파괴할 수 없으며, 무명을 파괴할 수 없으며, 성문법과 독각법과 보살법을 파괴할 수 없다.

무슨 까닭인가? 일체 법이 지음도 없고 지은 자도 없으며, 언설도 없고 처소도 없으며, 나지도 않고 일어나지도 않으며, 함께하지도 않고 취하지도 않으며, 움직임도 없고 작용도 없다.

보살이 이와 같이 한량없는 혜장을 성취한다. 조그만 방편으로 일체 법을 요달하되 자연히 밝게 통달하고 다른 이를 말미암아 깨닫지 아니한다.

이 지혜의 무진장은 열 가지 다할 수 없는 것이 있으므로 무진이라 말한다.

무엇이 열인가?

이른바 다문의 선교가 다할 수 없는 까닭이며, 선지식을 친근함이 다할 수 없는 까닭이며, 문구와 뜻을 잘 분별함이 다할 수 없는 까닭이며,

깊은 법계에 들어감이 다할 수 없는 까닭이다.

한 맛의 지혜로 장엄함이 다할 수 없는 까닭이며, 일체 복덕을 모으되 마음에 피로하고 게으름이 없음이 다할 수 없는 까닭이며, 일체 다라니 문에 들어감이 다할 수 없는 까닭이며, 능히 일체 중생의 말과 음성을 분별함이 다할 수 없는 까닭이다.

능히 일체 중생의 의혹을 끊음이 다할 수 없는 까닭이며, 일체 중생을 위하여 일체 부처님의 위신력을 나타내어 교화하고 조복하여 끊임없이 수행하게 함이 다할 수 없는 까닭이다. 이것이 열이다.

이것이 보살마하살의 일곱째 혜장이다. 이 장에 머무르는 자는 다함없는 지혜를 얻어 널리 능히 일체 중생을 열어 깨우친다.

불자들이여, 어떤 것이 보살마하살의 염장인가?

이 보살이 어리석고 미혹함을 여의고 구족한 기억을 얻어서, 과거의 일생 이생과, 내지 십생과 백생과 천생과 백천생과 무량 백천생과, 이루어지는 겁과 무너지는 겁과 이루어지고 무너지는 겁과, 한번 이루어지는 겁만이 아님과, 한번 무너지는 겁만이 아님과, 한번 이루어지고 무너지는 겁만이 아님과, 백겁과 천겁과 백천억 나유타와 내지 수없고 한량없고 가없고 같음이 없음과, 셀 수 없고 일컬을 수 없고 사의할 수 없고 헤아릴 수 없고 말할 수 없고 말할 수 없이 말할 수 없는 겁을 기억한다.

한 부처님 명호와 내지 말할 수 없이 말할 수 없는 부처님 명호를 기억하며, 한 부처님께서 출세하여 수기를 설하심과 내지 말할 수 없이 말할 수 없는 부처님께서 출세하여 수기를 설하심을 기억한다.

한 부처님께서 출세하여 수다라를 설하심과 내지 말할 수 없이 말할 수 없는 부처님께서 출세하여 수다라를 설하심을 기억한다.

수다라와 같이 기야와 수기와 가타와 니다나와 우다나와 본사와 본생과 방광과 미증유와 비유와 논의도 또한 이와 같다.

한 대중모임과 내지 말할 수 없이 말할 수 없는 대중모임을 기억하며, 한 법을 연설함과 내지 말할 수 없이 말할 수 없는 법을 연설함을 기억한다.

한 근기의 갖가지 성품과 내지 말할 수 없이 말할 수 없는 근기의 갖가지 성품을 기억하며, 한 근기의 한량없는 갖가지 성품과 내지 말할 수 없이 말할 수 없는 근기의 한량없는 갖가지 성품을 기억한다.

한 번뇌의 갖가지 성품과 내지 말할 수 없이 말할 수 없는 번뇌의 갖가지 성품을 기억하며, 한 삼매의 갖가지 성품과 내지 말할 수 없이 말할 수 없는 삼매의 갖가지 성품을 기억한다.

이 기억이 열 가지가 있다.
이른바 적정한 기억과 청정한 기억

과 탁하지 않은 기억과 명철한 기억과 티끌을 여읜 기억과 갖가지 티끌을 여읜 기억과 때를 여읜 기억과 광명이 빛난 기억과 사랑스러운 기억과 장애가 없는 기억이다.

　보살이 이 기억에 머무른 때에 일체 세간이 능히 번거롭고 어지럽게 하지 못하며, 일체 다른 주장이 능히 변동하지 못하며, 지난 세상의 선근이 모두 청정함을 얻는다.
　여러 세상법에 물들고 집착하는 것

이 없으며, 온갖 마군과 외도가 능히 파괴하지 못하는 바이다.

몸을 바꾸어 태어나도 잊어버리는 것이 없으며, 과거와 현재와 미래에 법을 설함이 다함이 없다.

일체 세계에서 중생들과 더불어 함께 머무르되 일찍이 허물이 없으며, 일체 모든 부처님의 대중모임 도량에 들어가는 데 장애가 없으며, 일체 부처님 처소에 모두 친근함을 얻는다.

이것이 이름이 보살마하살의 여덟째 염장이다.

불자들이여, 어떤 것이 보살마하살의 지장인가?

이 보살이 모든 부처님께서 설하신 수다라를 지니되 문구와 의리를 잊지 아니하여 일생 동안 지니고 내지 말할 수 없이 말할 수 없는 생 동안 지닌다.

한 부처님의 명호와 내지 말할 수 없이 말할 수 없는 부처님의 명호를 지니며, 한 겁의 수효와 내지 말할 수 없이 말할 수 없는 겁의 수효를 지

닙다.
 한 부처님의 수기와 내지 말할 수 없이 말할 수 없는 부처님의 수기를 지니며, 한 수다라와 내지 말할 수 없이 말할 수 없는 수다라를 지닌다.
 한 대중모임과 내지 말할 수 없이 말할 수 없는 대중모임을 지니며, 한 법을 연설함과 내지 말할 수 없이 말할 수 없는 법을 연설함을 지니며, 한 근기의 한량없는 갖가지 성품과 내지 말할 수 없이 말할 수 없는 근기의 한량없는 갖가지 성품을 지닌다.

한 번뇌의 갖가지 성품과 내지 말할 수 없이 말할 수 없는 번뇌의 갖가지 성품을 지니며, 한 삼매의 갖가지 성품과 내지 말할 수 없이 말할 수 없는 삼매의 갖가지 성품을 지닌다.

불자들이여, 이 지장은 가없고 가득차기 어려우며, 그 바닥까지 이르기 어려우며, 친근하기 어려우며, 제어하여 조복할 수 없다. 한량이 없고 다함이 없으며, 큰 위력을 갖추어, 부처님의 경계이니 오직 부처님만이 능히 아신다.

이것이 이름이 보살마하살의 아홉째 지장이다.

불자들이여, 어떤 것이 보살마하살의 변장인가?

이 보살이 깊은 지혜가 있어서 실상을 분명히 알고 널리 중생을 위하여 모든 법을 연설하되 일체 모든 부처님의 경전과 어긋나지 아니하고, 한 품의 법과 내지 말할 수 없이 말할 수 없는 품의 법을 설하며, 한 부처님의 명호와 내지 말할 수 없이 말할 수 없는 부처님의 명호를 설한다.

이와 같이 한 세계를 설하며, 한 부처님의 수기를 설하며, 한 수다라를 설하며, 한 대중모임을 설하며, 한 법을 연설한다.

한 근기의 한량없는 갖가지 성품을 설하며, 한 번뇌의 한량없는 갖가지 성품을 설한다.

한 삼매의 한량없는 갖가지 성품을 설하며, 내지 말할 수 없이 말할 수 없는 삼매의 한량없는 갖가지 성품을 설한다.

혹은 하루 동안 설하며, 혹은 보름이나 한 달 동안 설하며, 혹은 백년이나 천년이나 백천년 동안 설하며, 혹은 일겁이나 백겁이나 천겁이나 백천겁 동안 설하며, 혹은 백천억 나유타겁 동안 설하며, 혹은 수없고 한량없고 내지 말할 수 없이 말할 수 없는 겁 동안 설하니, 겁의 수효는 다할 수 있더라도 한 글자 한 문구의 뜻과 이치는 다하기 어렵다.

무슨 까닭인가? 이 보살이 열 가지 무진장을 성취한 까닭이다.

이 장을 성취함에 일체 법을 거두는 다라니문이 앞에 나타남을 얻어 백만 아승지 다라니로 권속을 삼았다. 이 다라니를 얻고 나서는 법의 광명으로써 널리 중생들을 위하여 법을 연설한다.

그 법을 설할 때에 넓고 긴 혀로 미묘한 음성을 내어 시방의 일체 세계에 충만하여, 그 근성을 따라서 모두 만족하고 마음이 환희를 얻게 하며, 일체 번뇌의 얽힌 때를 없애 버린다.

일체의 음성과 언어와 문자와 변재에 잘 들어가서 일체 중생으로 하여금 부처님의 종성이 끊어지지 아니하고 깨끗한 마음이 상속하게 하며, 또한 법의 광명으로써 법을 연설하여 끝까지 다함이 없으면서도 고달픈 생각을 내지 아니한다.

무슨 까닭인가? 이 보살이 온 허공과 법계에 두루한 가없는 몸을 성취한 까닭이다.

이것이 보살마하살의 열째 변장이다.

이 장은 다함이 없으며, 분단이 없으며, 사이가 없으며, 끊어짐이 없으며, 변하여 달라짐이 없으며, 막힘이 없으며, 퇴전함이 없으며, 매우 깊어 바닥이 없으며, 들어가기 어려우며,

널리 일체 불법의 문에 들어간다.

불자들이여, 이 열 가지 무진장에 열 가지 다함없는 법이 있어서 모든 보살들로 하여금 구경에 위없는 보리를 성취하게 한다.

무엇이 열인가?

일체 중생을 요익하는 까닭이며, 본래의 서원으로 잘 회향하는 까닭이며, 일체 겁에 단절함이 없는 까닭이며, 온 허공계를 모두 깨우치되 마음에 한정이 없는 까닭이다.

유위에 회향하되 집착하지 않는 까닭이며, 한 생각의 경계에 일체 법이 다함이 없는 까닭이며, 큰 서원의 마음이 변하여 달라짐이 없는 까닭이다.

모든 다라니를 잘 거두어 취하는 까닭이며, 일체 모든 부처님께서 호념하시는 까닭이며, 일체 법이 모두 환과 같음을 아는 까닭이다.

이것이 열 가지 다함없는 법이니, 능히 일체 세간의 짓는 바로 하여금 모두 구경을 얻게 하는 다함없는 큰 무진장이다."

회향송

아차보현수승행
무변승복개회향
보원침익제중생
속왕무량광불찰

시방삼세일체불
제존보살마하살
마하반야바라밀

廻向頌

我此普賢殊勝行
無邊勝福皆迴向
普願沈溺諸眾生
速往無量光佛刹

十方三世一切佛
諸尊菩薩摩訶薩
摩訶般若波羅蜜

大方廣佛華嚴經 — 부록

- 대방광불화엄경 목차
- 간행사

대방광불화엄경
목차

⟨제1회⟩

제1권	제1품	세주묘엄품 [1]
제2권	제1품	세주묘엄품 [2]
제3권	제1품	세주묘엄품 [3]
제4권	제1품	세주묘엄품 [4]
제5권	제1품	세주묘엄품 [5]
제6권	제2품	여래현상품
제7권	제3품	보현삼매품
	제4품	세계성취품
제8권	제5품	화장세계품 [1]
제9권	제5품	화장세계품 [2]
제10권	제5품	화장세계품 [3]
제11권	제6품	비로자나품

⟨제2회⟩

제12권	제7품	여래명호품
	제8품	사성제품
제13권	제9품	광명각품
	제10품	보살문명품
제14권	제11품	정행품
	제12품	현수품 [1]
제15권	제12품	현수품 [2]

⟨제3회⟩

제16권	제13품	승수미산정품
	제14품	수미정상게찬품
	제15품	십주품
제17권	제16품	범행품
	제17품	초발심공덕품
제18권	제18품	명법품

〈제4회〉

제19권　제19품　승야마천궁품
　　　　제20품　야마궁중게찬품
　　　　제21품　십행품 [1]
제20권　제21품　십행품 [2]
제21권　제22품　십무진장품

〈제5회〉

제22권　제23품　승도솔천궁품
제23권　제24품　도솔궁중게찬품
　　　　제25품　십회향품 [1]
제24권　제25품　십회향품 [2]
제25권　제25품　십회향품 [3]
제26권　제25품　십회향품 [4]
제27권　제25품　십회향품 [5]
제28권　제25품　십회향품 [6]
제29권　제25품　십회향품 [7]
제30권　제25품　십회향품 [8]
제31권　제25품　십회향품 [9]
제32권　제25품　십회향품 [10]
제33권　제25품　십회향품 [11]

〈제6회〉

제34권　제26품　십지품 [1]
제35권　제26품　십지품 [2]
제36권　제26품　십지품 [3]
제37권　제26품　십지품 [4]
제38권　제26품　십지품 [5]
제39권　제26품　십지품 [6]

〈제7회〉

제40권　제27품　십정품 [1]
제41권　제27품　십정품 [2]
제42권　제27품　십정품 [3]
제43권　제27품　십정품 [4]
제44권　제28품　십통품
　　　　제29품　십인품
제45권　제30품　아승지품
　　　　제31품　수량품
　　　　제32품　제보살주처품
제46권　제33품　불부사의법품 [1]
제47권　제33품　불부사의법품 [2]

제48권	제34품	여래십신상해품	제63권	제39품	입법계품 [4]
	제35품	여래수호광명공덕품	제64권	제39품	입법계품 [5]
제49권	제36품	보현행품	제65권	제39품	입법계품 [6]
제50권	제37품	여래출현품 [1]	제66권	제39품	입법계품 [7]
제51권	제37품	여래출현품 [2]	제67권	제39품	입법계품 [8]
제52권	제37품	여래출현품 [3]	제68권	제39품	입법계품 [9]
			제69권	제39품	입법계품 [10]

〈제8회〉

제70권 제39품 입법계품 [11]

제53권 제38품 이세간품 [1]   제71권 제39품 입법계품 [12]

제54권 제38품 이세간품 [2]   제72권 제39품 입법계품 [13]

제55권 제38품 이세간품 [3]   제73권 제39품 입법계품 [14]

제56권 제38품 이세간품 [4]   제74권 제39품 입법계품 [15]

제57권 제38품 이세간품 [5]   제75권 제39품 입법계품 [16]

제58권 제38품 이세간품 [6]   제76권 제39품 입법계품 [17]

제59권 제38품 이세간품 [7]   제77권 제39품 입법계품 [18]

제78권 제39품 입법계품 [19]

〈제9회〉

제79권 제39품 입법계품 [20]

제60권 제39품 입법계품 [1]   제80권 제39품 입법계품 [21]

제61권 제39품 입법계품 [2]

제62권 제39품 입법계품 [3]

간 행 사

  귀의삼보 하옵고,

『대방광불화엄경』의 수지 독송과 유통을 발원하면서 수미정사 불전연구원에서 『독송본 한문·한글역 대방광불화엄경』과 『사경본 한글역 대방광불화엄경』을 편찬하여 간행하게 되었습니다.

『화엄경』은 우리나라에 전래된 이래 일찍부터 사경되고 주석·강설되어 왔으며 근현대에 이르러서는 『화엄경』의 한글 번역과 연구도 부쩍 많이 이루어졌습니다. 그만큼 『화엄경』이 우리 불자님들의 신행과 해탈에 큰 의지처가 되었던 것임을 알 수 있습니다.

『화엄경』을 독송하고 사경하는 공덕은 설법 공덕과 함께 크게 강조되어 왔습니다. 그리하여 수미정사 불전연구원에서도 『화엄경』(80권)을 독송하고 사경하는 데 도움이 되도록 한문 원문과 한글역을 함께 수록한 독송본과 한글역의 사경본 『화엄경』 간행불사를 발원하였습니다. 이 『화엄경』 간행불사에 뜻을 같이하여 적극 후원해주신 스님들과 재가 불자님들께 깊이 감사드립니다. 또한 『화엄경』을 수지 독송할 수 있도록 경책의 모습으로 장엄해 주신 편집위원들과 담앤북스 출판사 관계자들께도 고마움을 표합니다.

  끝으로 이 불사의 원만 회향으로 『화엄경』이 널리 유통되고, 온 법계에 부처님의 가피가 충만하시길 기원드립니다.

  나무 대방광불화엄경

불기 2564년 '부처님오신날'을 봉축하며
수미해주 합장

위태천신(동진보살)

수미해주 須彌海住

동국대학교 명예교수
중앙승가대학교 법인이사
대한불교조계종 수미정사 주지

사경본 한글역
대방광불화엄경 제21권

| 초판 1쇄 발행_ 2021년 12월 24일

| **엮은이**_ 수미해주
| **엮은곳**_ 수미정사 불전연구원
| **편집위원**_ 해주 수정 경진 선초 정천 석도 박보람 최원섭
| **편집보**_ 무이 무진 지욱 김지예

| **펴낸이**_ 오세룡
| **펴낸곳**_ 담앤북스
　　　　　서울특별시 종로구 새문안로3길 23 경희궁의 아침 4단지 805호
　　　　　대표전화 02)765-1251　전자우편 damnbooks@hanmail.net
　　　　　출판등록 제300-2011-115호
| ISBN_ 979-11-6201-342-7 04220

이 책은 저작권 법에 따라 보호받는 저작물이므로 무단전재와 복제를 금합니다.
이 책 내용의 전부 또는 일부를 이용하려면 반드시 저작권자와 담앤북스의 서면 동의를 받아야 합니다.

정가 10,000원
ⓒ 수미해주 2021